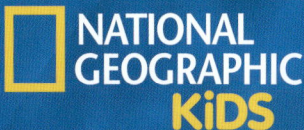

기발하고 괴상하고 웃긴 과학 사전! 바다

**300**가지 신기한 바다 생물, 해저 지형과 별별 뉴스까지!

비룡소

고래상어의 피부 두께는 최대 **10센티미터나 돼.** 엄청 두껍고 질기지.

하아아아아악!
고래상어가 입을 크게 벌리면
웬만한 어린이도 쏙 들어갈 수 있어.

물어뜯는 뇌가 눈 주변에 있어. 가운데가 뻥 뚫린 도넛처럼 생겼지!

자리돔은
'바다의 정원사'야.
서식지 주변에서 싫어하는
바닷말을 잡초 뽑듯 뽑아
멀리 내다 버린대.

문어의 먹물은 천적이 **맛과 냄새**를 잘 느끼지 못하도록 **방해해.**

천적: 잡아먹는 동물을 잡아먹히는 동물에 상대하여 이르는 말.

북대서양의 플로리다, 버뮤다, 푸에르토리코 세 곳을 잇는 지역에서는 지금까지 50척 이상의 선박이 사라졌어.

이곳을 뭐라고 부르게?
버뮤다 삼각 지대
또는
악마의 삼각 지대!

열수구 가까이에 사는 갈라파고스 민고삐수염벌레는 웬만한 농구 선수 키보다 더 크게 자라. 최대 3미터나 된다지?

열수구: 270도 이상의 뜨거운 물이 바다 밑바닥 틈에서 나오는 곳.

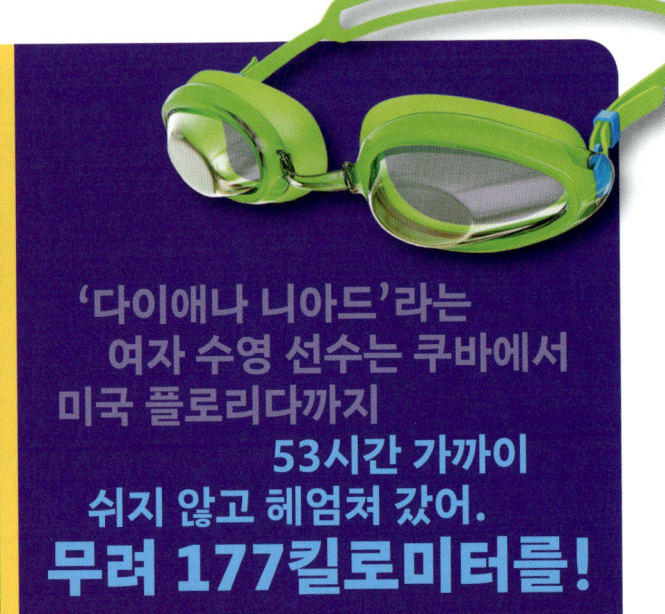

'다이애나 니아드'라는 여자 수영 선수는 쿠바에서 미국 플로리다까지 53시간 가까이 쉬지 않고 헤엄쳐 갔어. 무려 177킬로미터를!

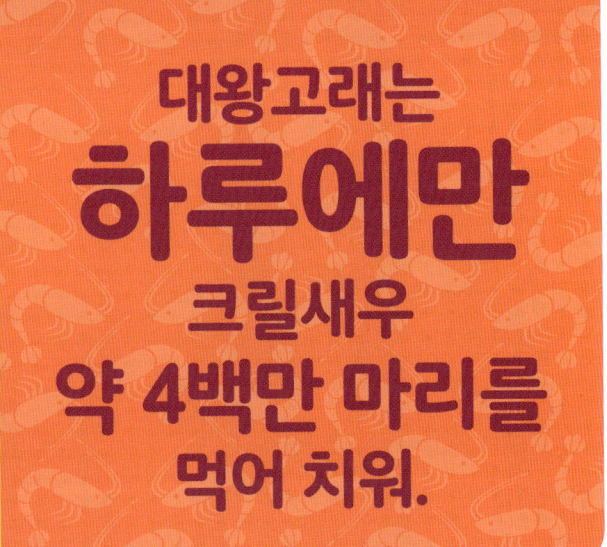

대왕고래는 하루에만 크릴새우 약 4백만 마리를 먹어 치워.

하와이에서는 **몽크바다표범**을 '일리오 홀로 이 카 우아우아 (ilio holo i ka uaua)'라고 불러. **'거친 바다를 달리는 개'** 라는 뜻이야.

바닷물은 짜서 사람이 마실 수 없어. 그런데 35억 년 전 바닷물은 지금의 바닷물보다 약 2배 더 짰을 거래.

어떤 딱지조개는 딱딱한 껍데기에 '작은 눈'이 수백 개나 있어서 빛과 어둠을 구별할 수 있어.

대서양퍼핀은 입천장에 **목구멍으로 향하는 가시가** 있어. 그래서 한번에 여러 물고기를 물어도 **떨어뜨리지 않지.**

하와이에 있는 마우나케아산은 바닥부터 높이가 **10,205미터**쯤 돼. 세계에서 가장 높은 산인 셈이지만 **절반 넘게 바다에 잠겨 있어.**

요놈들 맛있겠군!

바다코끼리는 입으로 바다 밑바닥에 **물을 찍 쏴서** 모래 속에 **숨어 있는** 먹잇감을 찾아내.

해파리는 없는 게 많아.

뼈도 없고,
뇌도 없고,
심장도 없지.

북유럽 전설에 나오는 **바다 괴물 크라켄**은 사냥할 때, **자기의 똥을 뿌려서** 물고기들을 꾀었다고 해. 그 괴물이 정말 있었을까?

어느 다이버들이 프랑스 남쪽 바다 37미터 지점에서 동굴 속으로 깊이 들어가 **선사 시대 암각화**를 발견했어.

선사 시대: 글로 역사를 기록하기 이전의 시대. 석기 시대~청동기 시대.

암각화: 바위, 절벽, 동굴의 벽에 새긴 그림.

혹등고래는 사냥할 때 거센 '물거품 그물'을 만들어. 물고기 떼를 한데 모으고 빠져나가지 못하게 하려는 거야.

그림포테우티스는 **'덤보문어'**라고 부르기도 해. 지느러미가 유명 만화 영화에 나오는 코끼리 **덤보의 귀**랑 닮아서 그렇단다.

홍연어는 즐겨 먹는 크릴새우 색깔 때문에 다른 연어들보다 속살이 더 진한 **다홍색이야.**

과학자들은 산호초를 연구하여 인간의 뼈 이식 기술을 개발하고 있어. 산호초와 **인간의 뼈가 비슷한 구조로 이루어져 있거든.**

해바라기불가사리는 태어날 때 **다리가 5개야.** 그런데 다 자라면 **24개까지 늘어날 수 있지.**

사자갈기갯민숭달팽이한테는 **수박 냄새가 나는걸!**
킁킁, 맛있을 것 같아도 먹지는 마!

스위마 봄비비리디스는
2000년대에 새롭게 발견된 갯지렁이야.
천적을 만나면 **빛을 내면서**
터지는 물질을 내뿜어 별명이 '녹색 폭탄'이지.

날치는 물 밖으로 펄쩍 뛰어올라 지느러미를 쫙 펴고 날 수 있어. 자그마치 농구 코트 7개를 가로지르는 거리를 말이야.

농구 코트의 세로 길이는 28미터, 날치가 활강하는 최대 길이는 약 200미터이다.

극지방에 떠다니는 **거대한 빙산 하나**로 백만 명이 5년 동안 쓸 물을 공급할 수 있어.

흉내문어는 변신 천재! 천적을 만나면 더 무서운 동물을 흉내 내서 겁을 줘.

바다거미의 **내장은** 어디에 있을까? **다리야!**

아이고, 개운해라!

'청소 새우'라는 별명을 가진 줄무늬꼬마새우는 **물고기의 각질**과 **기생충**을 먹고 살아. 심지어 **잠수부의 이를 청소**해 주는 모습이 촬영된 적도 있어.

미국 플로리다주에 있는 **크라켄 롤러코스터**는 바다 괴물을 본떠 만들었어. 소음을 줄이려고 레일도 모래로 채웠대.

세계에서 가장 큰 크루즈에는
**식당 20개,**
**아이스 링크,**
게다가 **집라인**도 있어.

크루즈: 보통의 유람선보다 규모가 커서 해안 도시나 섬 따위를 돌며 여러 날 동안 관광할 수 있도록 만든 배.
집라인: 줄을 타고 높은 곳에서 낮은 곳으로 빠르게 내려오는 실외 스포츠.

일각돌고래의 삐죽 솟은 **뿔**은 사실
턱을 뚫고 나온 **이빨**이야.

목성의 위성 중 하나인 유로파는 **얼음으로 덮여 있어.** 어쩌면 그 얼음 밑에 **짠 바닷물이** 있을지도 모른대.

위성: 우주에서 행성의 주변을 도는 천체. 달.

아르헨티나에서는 가끔 바다사자를 잡아먹으려고 해변으로 몸을 던지는 범고래를 볼 수 있어.

2억 4천만 년 전에 살았던 **5미터짜리 이크티오사우루스 화석**이 있어.
이 화석의 배 속에는 **4미터 길이의 탈라토사우루스**가 들어 있었단다.
이걸 어떻게 삼켰지?

남극하트지느러미오징어는 촉수에 **단단한 갈고리**가 있어서 한번 잡은 먹잇감을 **절대 놓치지 않아.**

촉수: 척추가 없는 동물의 몸이나 입 주변에 나 있는 돌기 모양의 기관.

450킬로그램 정도 나가는 매너티는 엄청난 대식가야.
**하루 동안 45킬로그램의 해초를 먹거든.**
열흘이면 제 몸무게만큼 먹는 거네!

염소, 돼지, 개, 고양이, 심지어 알파카까지 서핑을 배울 수 있어.

향유고래는 동물 중에서 **뇌가 가장 커.** 사람의 뇌보다 **다섯 배 더 무겁지.**

바다에서 아주 작은 플랑크톤이 번식하는 모습은 우주에서도 보인대. 와우!

번식: 동물이나 식물의 수가 늘어서 퍼지는 것.

1947년, 노르웨이의 탐험가 토르 헤위에르달과 선원들은 오로지 **나무로만 만든** 뗏목을 타고 태평양 **6,920킬로미터**를 항해했어.

마귀상어는 사냥을 할 때 **아래턱이 쭈우우욱** 늘어나.

불가사리는 몸 곳곳에 피 대신 바닷물을 보내서 영양소를 공급해.

"으악, 달아나자!"
천적에게서 도망치는 펭귄은 3미터 높이의 얼음 위로 훌쩍 뛰어오를 수 있어.

뛰어오를 때 깃털에서 작은 공기 방울을 내뿜어 몸을 위로 밀어 올리는 거야.

**밝게 빛나는** 아이스크림이라고? 한 식품 회사는 **해파리 단백질을 넣어** 혀로 핥으면 빛이 나는 아이스크림을 만들었어.

어떤 과학자들은 **바다에서** 가장 먼저 생명체가 나타났다고 주장해.

다 자란 **문어**의 몸길이는 얼마나 될까? 최대 6미터까지 자라. 알에서 갓 부화했을 때에는 **쌀알**만 한데 말이야.

요만큼!

쥐가오리는 주기적으로 산호초를 찾아가. 산호초에 사는 물고기들이 야금야금 피부 속 기생충을 잡아먹어 주거든.

가시관불가사리는 먹는 방법이 독특해. 위장을 몸 밖으로 토해 내어 먹이를 소화하지.

이 불가사리는 **9개월 동안** 안 먹고도 살 수 있어.

자신 있다면 배를 대 보라고!

아스피도켈론은 **신화에 나오는 바다 괴물**이야. 아주아주 **거대해서** 뱃사람들이 섬으로 착각하고 **배를 댔다가** 화를 입었다는 전설이 있지.

1926년, 최초로 찍은 **바닷속 컬러 사진이야.** 사진 속 주인공은 누구게? 바로 **호그피시야.**

남극 주변에 있는 **크릴새우**의 무게를 전부 합치면 **인도호랑이 5억 마리**를 합친 것보다 더 무거워.

바다선인장은 온몸에 촉수가 가시처럼 나 있어서 선인장을 닮았다고 붙은 이름이야.

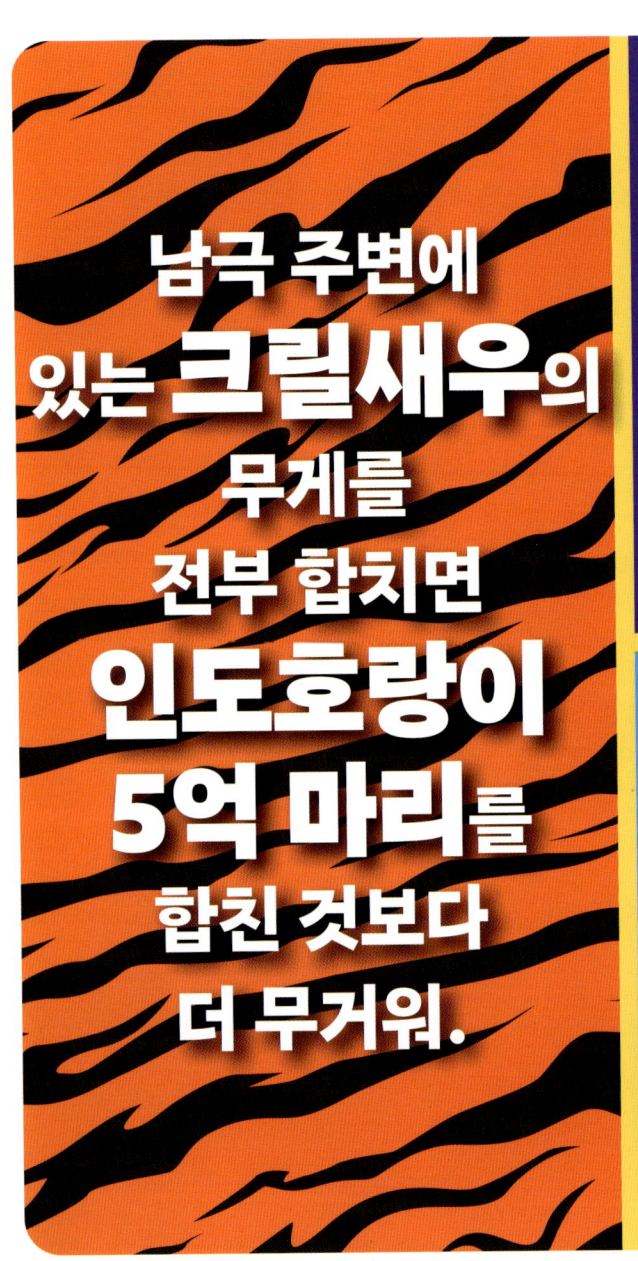

고대 그리스에서는 치과 의사가 범무늬노랑가오리 독으로 환자를 마취했다고 해.

마취: 약물 따위를 이용해 얼마 동안 의식이나 감각을 잃게 함.

장수거북은 **태평양**을 가로질러 **21,000킬로미터** 넘는 거리를 **오가며 살아.**

거대다시마는 하루에 **61센티미터까지** 자랄 수 있대.

미국에서는 떼 지어 가는 바라쿠다를 배러리라고 불러.

바라쿠다: 창꼬치, 꼬치고기 등이 속하는 바닷물고기의 한 종류.

뿔무늬노랑가오리 떼는 열병을 못하는 피떼라고 부르지. 왜 그렇게 부르는지는 아무도 모른대.

흡혈오징어는 뭘 먹고 살게? 다른 동물의 피를 빨아 먹을까? 아니야! 바닷속 죽은 플랑크톤을 먹고 산단다.

해삼은 항문 가까이에 있는 호흡수로 **숨을 쉬어.**

호흡수: 해삼의 호흡 기관. 수폐라고도 한다.

알락돌고래는 점무늬가 특징이지만,

태어날 때는 아무런 무늬가 없어.

웨들바다표범은 자기들끼리 고래고래 소리를 질러 신호를 주고받아. **물속에서 외치면 얼음 위**에서 들을 수 있지.

지중해에 침몰된 배에서 약 2000년 전에 태양, 달, 행성의 움직임을 계산하던 장치를 발견했어.

더운 지역의 바닷가에 숲을 이루는 맹그로브는
기둥처럼 생긴 **뿌리가
복잡하게 얽혀 있어.**
매일 바닷물이 드나들어도 끄떡없이 서 있지.

세계 최대 산호초 지대인 오스트레일리아의 그레이트 배리어 리프는 **3000개의 산호초와 600개의 산호섬으로** 이루어져 있어.

나라와 나라 사이에서 사고파는 물건의 **90퍼센트** 이상은 **화물선**으로 운반해.

화물선: 물품을 실어 나르는 배.

상어 중에서 **최고로 빠른 건** 청상아리야. 물살을 일으키며 나아가면 꼭 폭탄이 터진 것 같다니까.

세상에서 가장 못생긴 동물로 뽑힌 **블롭피시**는 깊은 바닷속에서와 물 밖에서의 생김새가 달라.

심해에서 내 피부는 팽팽하다고!

어떤 상어 무리는 **색맹이야.**

색맹: 색채를 정상적으로 구분하지 못하는 증상.

두바이에는 '더 월드 THE WORLD'라는 이름의 **인공 섬**이 있어. 위에서 보면 꼭 **세계 지도** 같아.

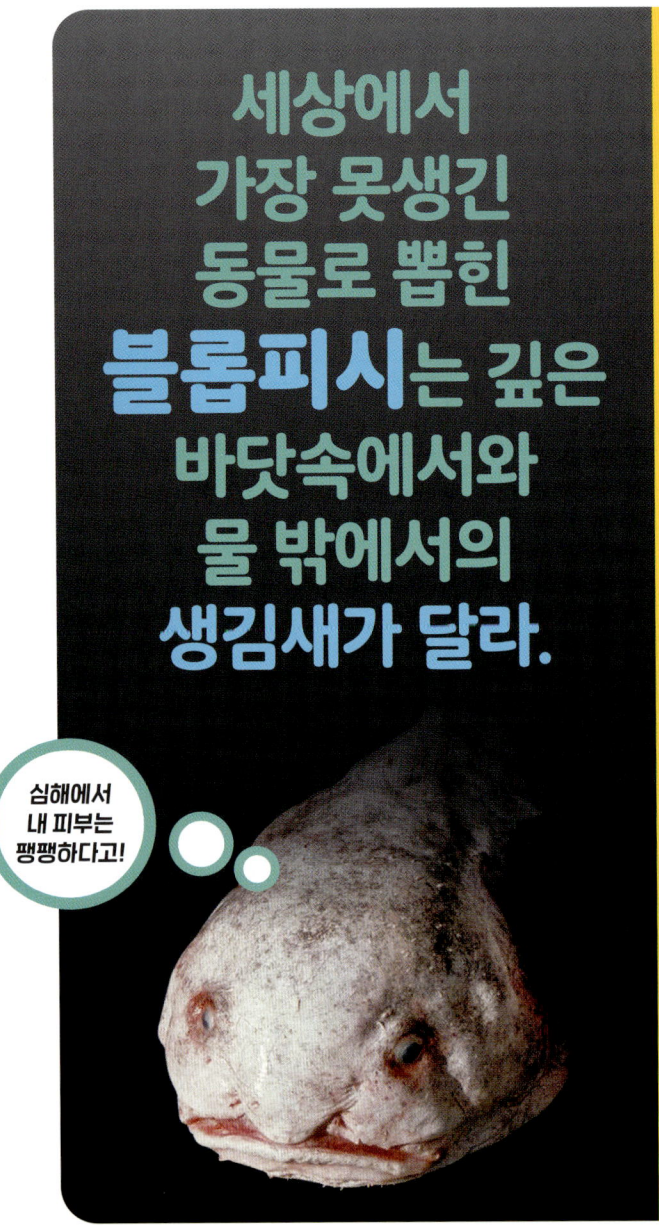

블롭피시: 호주 근처 깊은 바다에 사는 물고기. THE UGLY ANIMAL PRESERVATION SOCIETY에서 가장 못생긴 물고기로 선정했다.

북극고래 머리는 크고 단단해서 20센티미터 두께의 얼음도 깨부술 수 있어.

지구상에서 가장 거대한 폭포는 **바닷속에 있어.** 높이가 무려 3,200미터나 된대.

2017년, 미국의 한 십 대 소녀는 캘리포니아주에 있는 골프장 주변 바닷속에서 **골프공 50,000개를** 주워 모았어.

바닷물 성분 가운데 일부는 우주의 **소행성**과 **혜성**에서 온 거야.

**바다나리는** 벨크로 테이프처럼 잘 달라붙는 **관족으로 먹잇감을 잡아.**

관족: 성게, 불가사리, 바다나리 등의 몸에 붙은 가느다란 관 모양의 발.

**붉은팔물고기**는 몸통 양쪽에 있는 지느러미가 마치 **사람의 손**처럼 생겼어.

아름다운 섬 몰디브의 '이타 식사' 수중 레스토랑은 인도양 6미터 아래에 지어졌어. 물고기와 같이 먹는 기분이 들지 뭐야.

캄캄하고 깊은 바다에 사는 흡혈오징어는 위기 상황에 **반짝이는** 투명 먹물을 뿜고 도망쳐.

남태평양 통가 근처 바닷속에서 **화산이 분화**했어. 그때 나온 **구멍이** 숭숭 **뚫린 돌**이 바다를 둥둥 떠다니지. 그 면적이 서울 **여의도 면적**의 **50배**보다 넓다지 뭐야.

문어는 생각보다 똑똑해. 어떤 문어는 병뚜껑을 **돌려 열어서** 그 안에 있는 걸 먹을 수 있어.

분화: 땅속에서 암석이 녹아 만들어진 마그마 등이 땅 밖으로 나오는 현상.

내가 좀 그래.

복어 한 마리에 어른 30명을 죽일 수 있는 **강한☠독**이 들어 있어. 아이코, 무서워라!

**넓적집갯지렁이**는 바닷가의 작은 건축가! 모래와 조개껍데기 가루를 섞어서 **빨대처럼 생긴 튜브를 만들고는** 그 속에 쏙 들어가 산단다.

흰동가리는 자라면서 암수가 바뀌어. **전부 수컷으로 태어나지만,** 나중에 일부는 암컷으로 변하지.

**지진해일**은 한 시간에 **800킬로미터** 이상을 이동할 수 있어. 여객기만큼 빠르지. **쌔애앵, 쏴아!**

태평양은 세계에서 제일 **큰 바다야.** 전 세계 대륙의 면적을 합친 것보다 **넓어.**

지진해일: 바닷속에서 일어난 지진, 화산 분화 등으로 인하여 생기는 강한 파도.

바다거북은 자기가 알을 깨고 나온 곳을 찾아가 알을 낳아. 어떻게 찾아가냐고? 나침반처럼 방향을 탐지하는 능력이 있대.

중세 유럽에서는 **일각돌고래**의 **엄니**로 만든 잔이 **독**을 없앤다고 믿었어.

세계에서 가장 깊은 바다인 마리아나 해구의 **수압**은 **초대형 여객기** 50대가 짓누르는 힘과 맞먹어.

깊은 바다에 사는 대나무산호는 3층 건물보다 **높이** 쑥쑥 자랄 수 있어.

수압: 물의 압력.

슈퍼 푸드로 꼽히는
해조류
**스피룰리나**에는

닭고기보다 **단백질**이 더 많아.

어떤 해적선은 밴드가 하루 종일 음악을 연주하기도 했어. 선원들의 사기를 북돋거나 다른 배를 위협하기에 좋았거든.

쿵짜작 쿵짝!

슈퍼 푸드: 영양가가 풍부하여 건강에 도움을 준다고 선정된 식품.

문어 중에 몸집이 큰 것은 다리에 빨판이 2000개 넘게 있어.

얼룩삼세기는 전복처럼 단단한 껍데기가 있는 바다 동물을 발라내서 껍데기만 퉤 뱉을 수 있어.

헉헉헉, 펭귄은 몸의 열을 식히려고 개처럼 숨을 할딱거려.

믿어야 상상이 안 된다면 이건 어때? 허리케인이 만들어졌다가 사라지기까지 쏟아내는 에너지는 히로시마 원자폭탄 10,000개에 달하는 양이야.

허리케인: 북대서양, 태평양 북동부, 카리브해 등지에서 발생하는 열대저기압으로, 심한 폭풍우와 소용돌이를 일으킨다.

물고기의 피를 빨아 먹고 사는 물이는 한낮에 색이 어두워져. 햇빛으로부터 몸을 보호하기 위해서지.

물이: 3~7밀리미터 크기의 갑각류. 다른 동물의 피를 빨아 먹는다.

마리아나 해구에 사는 분홍꼼치는 머리뼈에 틈이 있어서 깊은 바닷속 수압을 견딜 수 있어.

타이태닉호에서는 배 안에서 신문을 발행했어. 남다른 스케일!

타이태닉호: 영국의 초호화 여객선으로 1912년 북대서양을 지나다 빙산에 부딪혀 1500여 명의 희생자를 낳았다.

범고래는 바다의 타고난 사냥꾼이야.

펭귄이나 바다사자를 잡을 때 여럿이 파도를 일으키며 몰거든.

동물도 합동 작전을 펼친다니 멋져!

사진 속 펭귄이 뭘 입고 있지? 이 훔볼트펭귄은 털갈이를 하느라 하루 만에 **깃털이 몽땅 빠져 버렸는데**, 사육사가 햇볕에 **화상**을 입지 않도록 **잠수복**을 입혀 주었어.

어떤 종류의 굴은 둥근 **보름달**이 뜨면 **입을 꼭 닫고**, 달이 지구에서 보이지 않을 때 **입을 벌려**. 신기하네!

제2차 세계 대전 때 네덜란드 해군은 적에게 들키지 않으려고 나뭇가지를 베다가 군함을 섬처럼 꾸몄어.

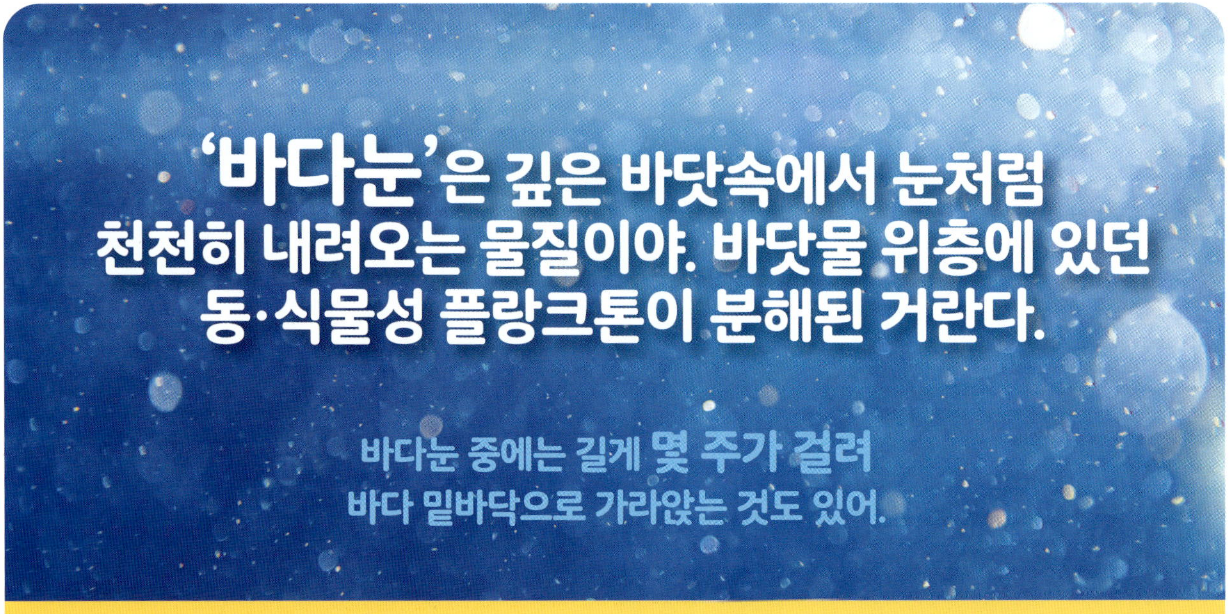

'바다눈'은 깊은 바닷속에서 눈처럼 천천히 내려오는 물질이야. 바닷물 위층에 있던 동·식물성 플랑크톤이 분해된 거란다.

바다눈 중에는 길게 몇 주가 걸려 바다 밑바닥으로 가라앉는 것도 있어.

과학자들은 깊은 바다 **밑바닥의 수압**이 얼마나 센지 보여 주려고 곰 모양 젤리를 떨어뜨렸어.
(어떻게 됐냐고? 완전히 으깨져 버렸지.)

깊은 바닷속에서 사는 녹점술아귀는 **아가미방**이 풍선처럼 **부풀어서** 최대 4분 동안 **숨을 참을 수 있어.**

아가미방: 아가미가 들어 있는 몸속 기관.

또 지느러미로 바닥을 짚고 사뿐사뿐 '걸어갈' 수 있단다.

해달은 앞다리 안쪽에 늘어진 피부로 덮인 **주머니**가 있어. 이 주머니에 돌멩이를 보관했다가 **조개를 깔 때 꺼내서 쓰지.**

로그 웨이브는 갑자기 나타나 엄청난 피해를 주는 **거대한 파도**를 말해. 눈 깜짝할 사이에 선박을 쓰러뜨리는데 큰 것은 **10층 건물** 높이만큼 솟아오를 수 있어.

상자해파리는 눈이 24개나 되어서 앞뒤 왼쪽 오른쪽 **사방을 자유롭게** 볼 수 있어.

화산 활동 지역에 분포하는 열수구 중에는 금과 은을 내뿜는 곳도 있어.

로그 웨이브: '변종파' 또는 '괴물파'로도 불린다.

# 닮은꼴을 찾아라!
6600만 년 전에 살았던 해양 파충류 엘라스모사우루스는

몸통이 매너티처럼, 목이 기린처럼, 머리가 뱀처럼 생겼어.

미국 플로리다주 남쪽 바다에서 잠수부들이 **하루에 건져 올린 쓰레기** 무게가 자그마치 1130킬로그램이 넘었대.

쓰레기 더미에는 20킬로그램짜리 **아령**, 45킬로그램이 넘는 **낚싯줄**, **휴대 전화**, 부두에서 떨어진 **표지판** 등이 섞여 있었어.

아령: 막대 양쪽 끝에 무게를 달아 체력을 단련하는 기구.

갈색펠리컨은 아랫부리 **주머니**에 먹잇감을 담을 수 있어. **위**에 담을 수 있는 양보다 **세 배나 더 많이!**

붉은입술부치의 입술 좀 봐! 꼭 **빨강 립스틱**을 바른 것처럼 생겼어.

미국 버지니아주의 공학자들은 바닷속에서 군사 목적으로 활동할 수 있는 **해파리 모양 스파이 로봇**을 개발했어. 이 로봇은 에너지 효율이 좋고, 쉽게 눈에 띄지 않아.

남극 근처 열수구에서 살고 있는 예티크랩은 **설인처럼** 털이 부숭부숭한 다리로 먹잇감을 사냥해.

설인: 히말라야산맥 눈 덮인 산에서 산다고 전해지는 전설 속의 괴물로, '예티', '빅풋'이라고도 한다.

바닷속 생물들 중에 해양 생물학자들이 파악해 종류를 구분한 종은 10퍼센트도 안 된대.

2017년, 어느 프랑스 남성은 혼자서 돛단배를 타고 **42일** 만에 전 세계를 한 바퀴 돌아 기록을 세웠어.

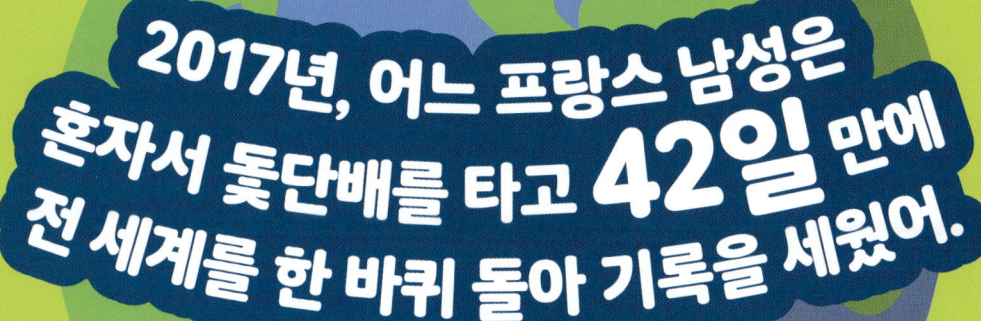

빨간개복치나 **배불뚝치**는 물고기들 중에서 드물게 몸속에 **따뜻한 피**가 흘러.

산호초는 얕은 바다에서
분홍색이나 보라색으로
# 환하게 빛나.
그래서 햇빛을
잘 흡수할 수 있고,
산호초 속에 사는
작은 생물들이
자외선을 피할 수
있도록 막아 준단다.

이 사진은 싱가포르의 예술가들이 만든 **성게 모양 미술 작품**이야. 5.5미터 크기의 거대한 모양을 화려한 **레이스**로 엮어 만들었지.

화이트스팟티드푸퍼피시는 바닷속 인테리어 전문가 같아. 보금자리를 조개껍데기로 예쁘게 꾸미기도 하거든.

화이트스팟티드푸퍼피시: 참복과에 속하는 바닷물고기의 한 종류.

만화 영화 「니모를 찾아서」의 그림을 그린 제작자들은 **개** 얼굴을 관찰하여 **물고기**의 다양한 **표정**을 그려 냈다고 해.

시애틀

남태평양에 있는 섬나라 '키리바시'는 33개의 크고 작은 섬들이 약 3,900킬로미터에 걸쳐 퍼져 있어.

뉴욕

미국 땅 양쪽 끝에 있는 뉴욕에서 시애틀까지 거리와 비슷해.

1975년 영화 「죠스」에 나왔던 **상어 로봇 브루스야.** 덕분에 엄청나게 흥행했지만 촬영 땐 고장이 잦아 애를 먹였대.

검은쥐치는 꼬리지느러미에 **수술칼만큼 날카로운 꼬리가시**가 있어.

태평양에 사는 어떤 문어는
피부에 오돌토돌한 굳은살이 돋아 있어.
그런데 **깊은 곳에 살수록**
튀어나온 굳은살이 더 많대.

만져 보고 싶나?

어느 해양 생물 예술가는 세계 곳곳의 건물 외벽에 **실제 크기의 고래**를 바다 생물 벽화를 100점 넘게 그렸어. 작업 기간만 20년 넘게 걸렸다지 뭐야.

황새치가 빠르게 헤엄치는 비결!
머리뼈에서 기름이 나와 물이 묻지 않아서 물의 저항을 줄여 준단다!

저항: 물체가 움직이는 방향과 반대 방향으로 작용하는 힘.

철썩, 하늘을 찌를 듯 높은 파도는 사실
바닷속 수백 미터 아래 바닥을 따라서 일렁이고 있어.
바다 위와 바닷속 파도의 물기둥 높이를
모두 합치면 엄청나겠지?

▶ 투구게는 사실 **게가 아니란다.** 거미와 친척뻘이지.

▶투구게는 피가 빨간색이 아니라 **파란색이야.**

▶투구게는 2억 년 전과 지금의 모습이 거의 비슷해서 '**살아 있는 화석**' 이라고 불려.

두툽상어는 다 자란 몸길이가 50센티미터 정도밖에 안 돼. 우리나라 주변에서도 종종 보이지.

대구는 아래턱에 삐죽 난 수염으로 **맛을 느낄 수 있어.**

옛날 사람들은 배에서 **휘파람**을 불면 **세찬 바람이 휘몰아치고,** **박수**를 치면 **천둥이 친다고** 믿었대. 진짜냐고? 믿거나 말거나!

약 2천만 년 전에 살았던 고대 상어 메갈로돈은 몸길이가 15미터를 넘었어. 버스보다 길지!

메갈로돈이 재역임을 크게 벌리면 작은 자동차가 들어갈 정도였지.

2018년, 경상남도 거제 앞바다에서 **길이 4미터, 무게 300킬로그램짜리 백상아리가 잡혔어.** 처음 본 사람은 깜짝 놀랐겠다!

남아메리카 콜롬비아에 있는 어느 작은 섬은 전체 면적이 축구장 두 개 정도야. 그런데 주민이 약 1000명 정도 살고 있지. 아주 복작복작하겠네!

내 짝도 한번 찾으러 가 볼까?

옛날 유럽 사람들은 대부분의 **육지 동물**과 비슷한 **바다 동물**이 짝을 이루어 존재한다고 믿었어. 바다 쥐, 바다 토끼, **바다 코뿔소**처럼 말이야!

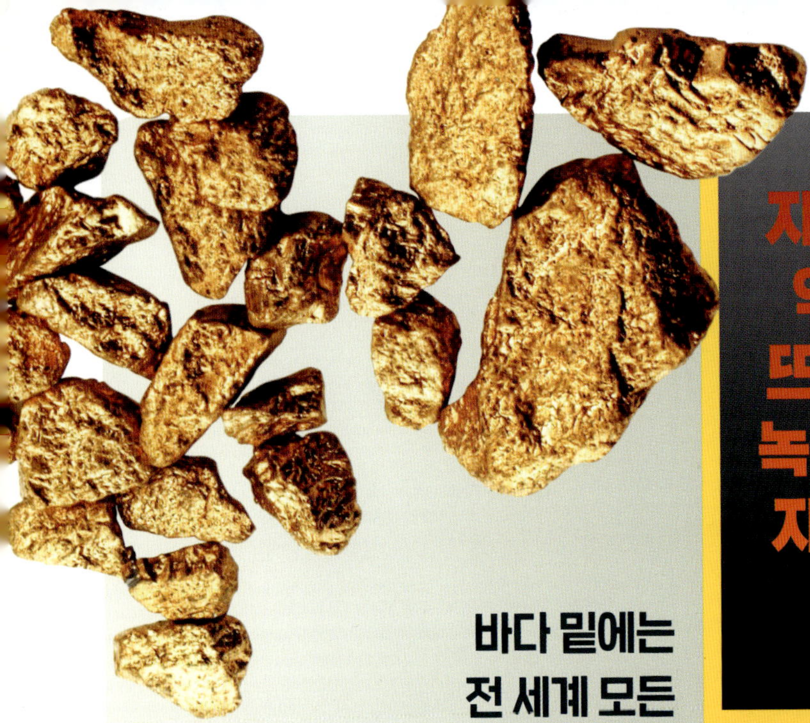

지구가 처음 만들어진 약 46억 년 전에는 뜨거운 열기에 암석이 녹아 바다처럼 보였어. 지금처럼 물이 흐르는 바다는 없었지.

바다 밑에는 전 세계 모든 사람들에게 4킬로그램씩 나누어 줄 수 있는 양의 **천연 금이 있대. 대단해!**

**검목상어**는 고래나 돌고래처럼 자기보다 몸집이 큰 동물들의 살을 **와사삭 베어 먹어서** '쿠키커터 상어'라고 부르기도 해.

쿠키커터: 쿠키의 모양을 찍거나 자를 때 쓰는 도구.

넙치와 도다리는 모두 눈이 한쪽으로 **쏠렸어.** 넙치는 눈이 몸의 **왼쪽**에, 도다리는 눈이 몸의 **오른쪽**에 있지.

파리지옥말미잘은 이름이 비슷한 식물인 파리지옥이 해충을 잡아먹는 것처럼 **촉수가 달린 잎자루를 오므려** 먹잇감을 잡아먹어.

잎자루: 잎을 가지에 붙게 하는 꼭지 부분.

바닷가재는 자기들끼리 서로 잡아먹기도 해. 물론 먹잇감이 부족할 때만!

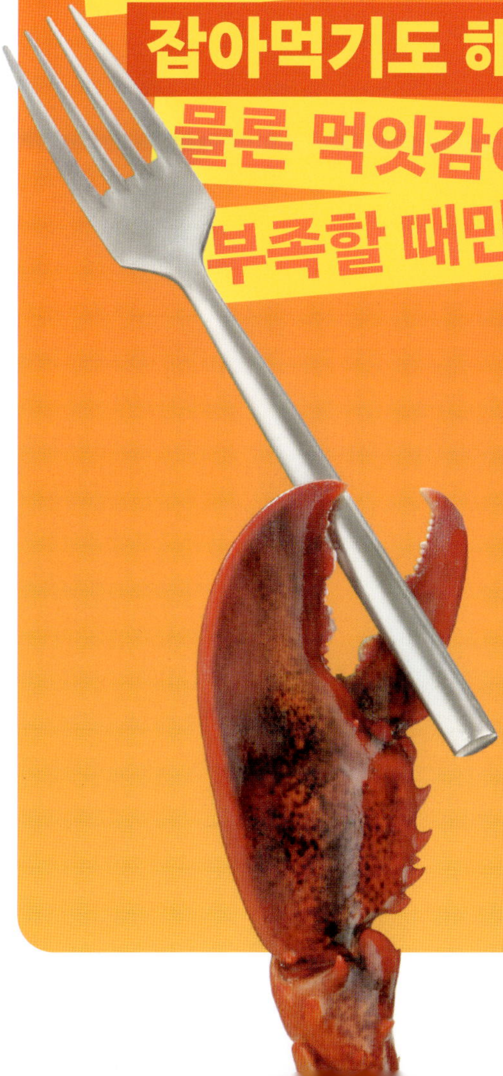

어떤 억만장자가 가진 요트에는 **농구장**, **영화관**은 물론 **18명**이 쓸 수 있는 방도 있다고 해. 도대체 얼마나 큰 거야?

지구상에서 인간이 **탐험한 바다**는 전체의 **5퍼센트**도 안 돼.

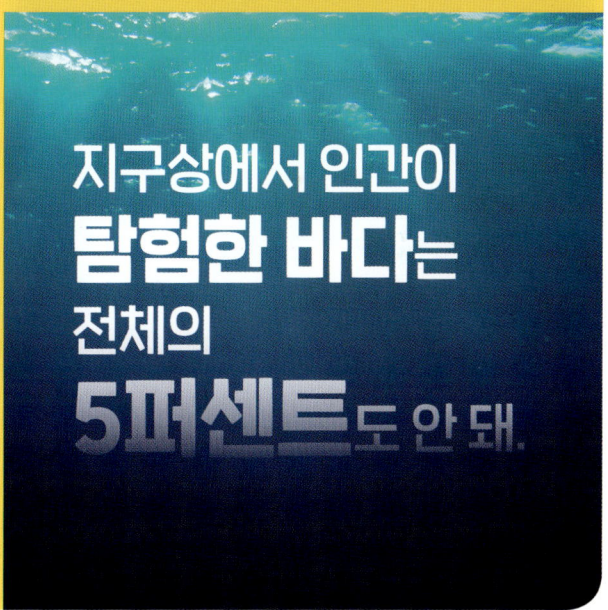

파랑비늘돔은
1년 동안 수백 킬로그램의
**모래를 뱉어 내.**

파랑비늘돔은
단단한 **바위**도
**물어뜯을 수
있지.**

너도 한입 물어 줄까?

**하와이의 백사장** 대부분은 파랑비늘돔이 뱉어 낸 모래로 만들어졌어.

백사장: 강가나 바닷가에 흰모래가 깔려 있는 곳.

개복치는 자라면서 꼬리지느러미가 퇴화해. 그래서 이런 별명이 있지. 바로 '헤엄치는 머리'야.

퇴화: 몸속 기관의 형태가 단순화하고 크기가 줄어드는 것.

깊은 바닷속에 사는 작은 갑각류는 엄청난 수압과 추위를 견디기 위해서 알루미늄 성분을 분비하여 보호막을 만들어. 단단한  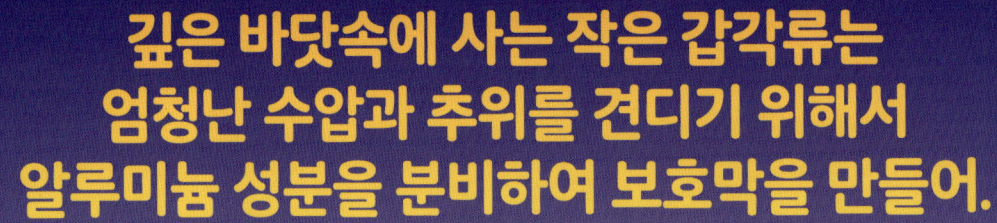 갑옷처럼 말이야.

갑각류: 딱딱한 외골격 껍데기를 가진 동물.

얼룩통구멍은 **머리 꼭대기**에 **동그란 눈**이 달려 있어.

그래서 모래에 온몸을 푹 파묻고

눈만 쏙 내밀어 먹잇감을 기다리지.

그러다가 먹잇감이 나타나면 재빨리 공격해.

세계에서 밀물일 때와 썰물일 때 바닷물의 높이가 가장 크게 차이 나는 곳은 어디일까?

캐나다 동쪽에 있는 펀디만이야.

무려 15미터 넘게 차이 나.

밀물일 때와 썰물일 때 바닷물의 높이 차이를 '조수 간만의 차'라고 한다.

북극고래는 아주 오래 살아. 평균 수명이 자그마치 **200**년이 넘는단다.

79년에 화산 분화로 통째로 사라진 폼페이 유적지에서 다양한 **조개껍데기 수집물**이 발견되었어.

바다에서 밀려오는 **짙은 안개**는 어떨 때 **거대한 지진해일**처럼 보이기도 해.

최근에 밝혀진 연구에 따르면, **해조류**를 먹여 키운 소가 **트림을 덜 한대.**

## 바다거북은 등딱지 안으로 머리를 쏘옥 집어넣을 수 **없어!**

매년 **640,000톤**의 고기잡이 도구가 바다에 버려져. 이는 여러 바다 쓰레기 중에서 가장 심각한 문제야.

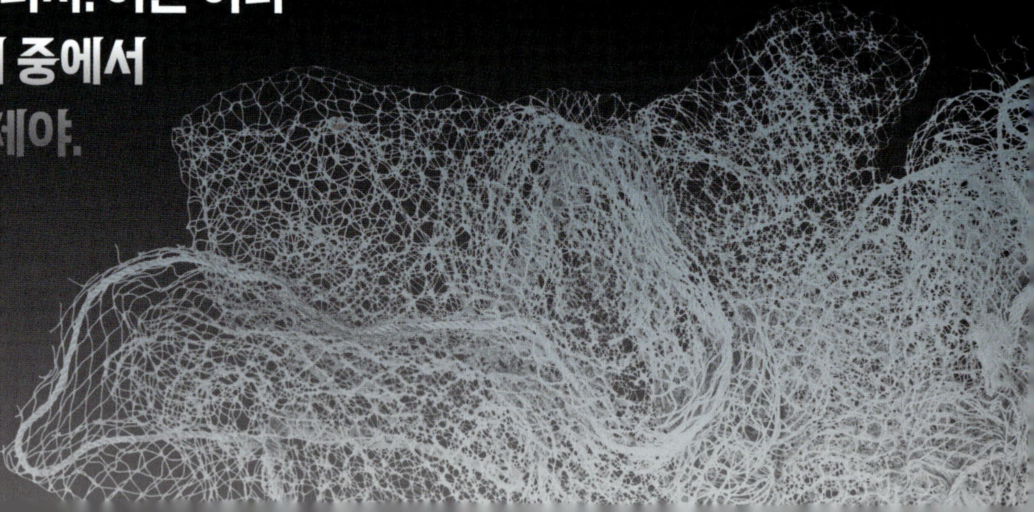

1톤: 1000킬로그램.

대왕조개로도 불리는 거거는 냉장고보다 무거워. 200킬로그램이 넘지.

과학자들은 백상아리의
이동 경로와 먹잇감 등을 연구하려고
바다표범의 비계 속에
전자 추적 장치를 넣어서 먹였어.

비계: 짐승의 가죽 안쪽에 붙은 기름층.

당당하게 걷기!

푸른발부비새 수컷은 암컷을 유혹할 때 몸을 쭉 뻗고 **파란 발이 잘 보이게** 과시하면서 걸어.

어느 그린란드상어의 배 속에서 **순록 한 마리가 통째로 발견되었어.** 머리에 달린 뿔까지 그대로였지.

태평양에는 **수많은 섬**들이 있어.

얼마나 많냐 하면, 전 세계 나라 수의 약 **120배**에 달하지.

북극곰은 다른 종의 곰들과 달리 **발 냄새**가 나. 걸을 때 얼음에 찍힌 **발자국** 냄새로 다른 북극곰들과 소통할 수 있대.

베도라치에게 물린 먹잇감은 혈압이 뚝 떨어져 **기절하고** 말아. 꼴까닥!

혈압: 피가 흐를 때 핏줄 안쪽의 압력.

심해아귀는 머리에 난 촉수로 **빛을 내서** 먹잇감을 입 쪽으로 끌어들여.

**뇌석산호**의 이름은 생김새가 꼭 **사람의 뇌**를 닮아 붙여졌어.

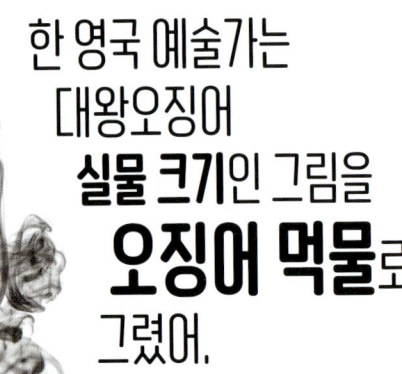

한 영국 예술가는 대왕오징어 **실물 크기**인 그림을 **오징어 먹물**로 그렸어. 그 크기가 9미터였지.

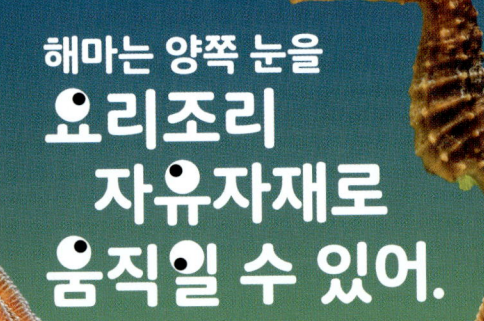

해마는 양쪽 눈을 **요리조리 자유자재로 움직일 수 있어.**

귀상어는 가오리를 잡아먹을 때 **길쭉한 머리로 가오리를** 눌러서 바닥에 고정해.

상어는 대부분 머리를 옆으로만 움직일 수 있어. 하지만 귀상어는 **위아래**로도 움직이지. 까딱까딱!

쏴아 철썩! 바다에서 파도가 칠 때의 에너지로 **전기를 만들 수 있어.**

백악기 때 지구에 살았던 바다거북 아르켈론은 **몸길이가 작은 자동차만 했어.**

과학자들은 동물을 가까이에서
자세히 지켜보기 위해
동물을 닮은 로봇을 만들기도 해.
이것도 해달을 조사하려고
만든 로봇이란다.
이름하여
**스파이 해달!**
감쪽같지?

깊은 바닷속에서 사는
리본이악어의 몸길이는 10미터까지 자라.
탁구대 4개의 길이와 맞먹지.

리본이악어: 바다에 사는 산갈치의 한 종류.

**입술무늬
갑오징어**는
몸에 **입술 무늬**가
있어서 붙여진
이름이야.

일본에서는 밀물에 산갈치가 밀려오는 것이 앞으로 **지진이 올 신호라고** 믿었대.

태평양에서 폭이 가장 넓은 곳의 거리는 달의 지름보다 **다섯 배 더 길어.**

태평양을 사이에 두고 가장 멀리 떨어진 인도네시아와 콜롬비아의 거리는 19,795킬로미터이고, 달의 지름은 약 3,476 킬로미터이다.

호박돔은 가끔씩 조개를 산호초에 **세게 때려서** 까 먹어.
조개를 입으로 물어 휙 던지면… 빠각!

야자집게가 코코넛 껍질을 깰 때는 지구상 다른 그 어떤 동물보다 강력한 힘을 내.

# 대왕고래의 **심장**은

어떤 초대형 유람선 워터 슬라이드는 이용자가 **배 바깥으로 튕겨 나가는 느낌을** 연출하려고 투명하게 만들었어. 으아악!

워터 슬라이드: 수영장, 워터파크에 설치된 미끄럼틀처럼 생긴 놀이 기구.

해마는 한번에 새끼를 **수십 마리씩** 낳아.

**대왕오징어의 눈알은 25센티미터가 넘어. 뷔페 접시만 하다고!**

썰물 때 바닷물이 빠져나가면 문어가 물에서 나와 사냥을 하러 땅으로 올라오기도 해.

상어는 '입체적으로' 냄새를 맡아.
왼쪽과 오른쪽 서로 다른 방향에서
오는 냄새를 구분할 수 있지.

킁킁, 오른쪽 냄새 확인 중!

크흥, 휴지가 필요해요!

바닷새는 짠 바닷물을 마시면, 콧구멍으로 소금을 뿜어내.

어떤 과학자들은 **지구 깊숙한 곳 맨틀 중간층**에 물이 있다고 믿어. 그것도 지구 표면에 있는 **바닷물과 비슷한 양**이 말이야.

맨틀: 지구 내부를 이루는 층으로, 땅 밑 약 30킬로미터부터 2,900킬로미터까지의 암석층.

해로동굴해면은 '비너스의 꽃바구니'라고 해. 얼기설기 얽힌 그물 속에 사는 생물들이 자라면서 **몸집이 커지면** 평생 그 안에 갇혀 살게 되지.

수백 년 전에 카리브해의 뱃사람들은 **'인어'**를 보았다고 말했어.

(그건 아마 매너티였을 거야.)

돛새치는 헤엄칠 때 커다란 등지느러미를 접어서 몸에 바짝 붙여. 그러면 물의 저항이 적어져 빠르게 앞으로 나아갈 수 있지.

해달은 1938년에 미국 캘리포니아주 어느 바닷가에서 작은 무리가 발견되기 전까지 멸종된 줄로 알았어.

멸종: 생물의 한 종류가 아주 없어짐.

펭귄은 가끔 얼음 위에서 뒤뚱뒤뚱 걷지 않고

**눈썰매를 타.**

몸을 숙여 엎드린 다음 미끄러져 나가지.

**발로 쭉쭉 밀어서 쌔앵쌩!**

슈우웅!

닌자랜턴상어는 온몸이 까매.
스윽 움직일 때도 눈에 잘 띄지 않아
이런 이름이 생겼지.

**성게** 몸에서 얻은 **색소** 중
어떤 성분은 사람의 면역력을 키워 줘.
심지어 **심장병 치료약**을
만들 때 쓰기도 한단다.

대왕고래 새끼는 하루에 어미 고래 젖을
# 379리터 먹어.

그만큼 몸무게도 빨리 늘어.
한 시간에 **4킬로그램**씩!

# 바닷속을 뚜벅뚜벅 걷는 기분은 어떨까?

1979년, 해양학자 실비아 얼은 해양학자 실비아 얼은 잠수함에 연결된 철갑 잠수복을 입고 350미터 아래 바다 밑바닥까지 내려갔어.

실비아 얼은 2시간 동안 걸었어.
이것은 인류가 잠수복을 입고 바닷속 가장 깊은 곳까지 내려간 기록이었지.

사자갈기해파리의 촉수는

지구에서 가장 긴 산맥은 **바닷속에 있어.**

산맥: 산봉우리가 길게 띠를 이루어 이어져 있는 지형.

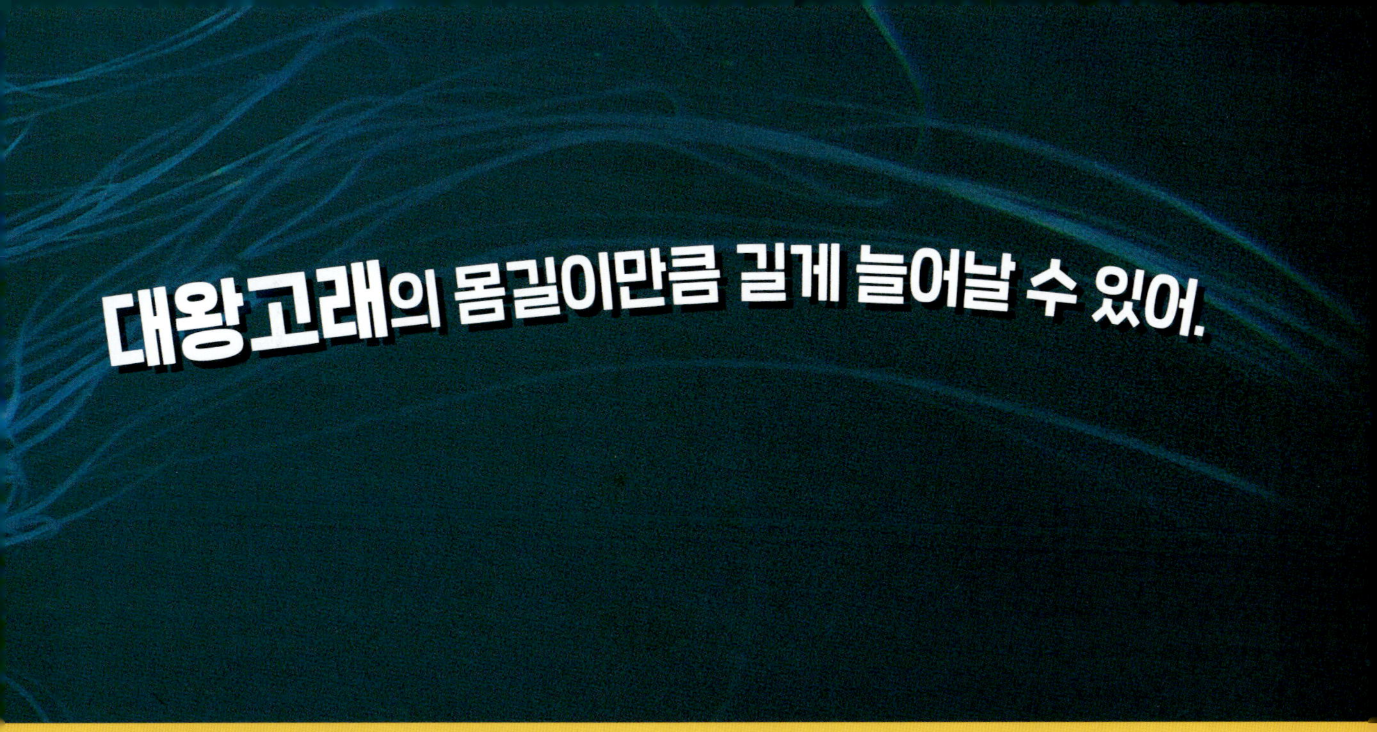

대왕고래의 몸길이만큼 길게 늘어날 수 있어.

태평양-대서양-인도양-북극해까지 이어진 중앙 해령은

# 히말라야산맥 길이의 25배나 된단다.

해령: 깊은 바다에서 산맥처럼 솟아오른 부분.

# 타고난 위장 전문가들!
캔디크랩은 산호 숲에 살면서 적에게 들키지 않으려고 산호 폴립을 껍데기에 붙이고 있어.

폴립: 해파리, 산호 등이 속하는 강장동물의 몸에서 겉으로 불룩 튀어나온 부분.

해면치레는 등딱지에 해면을 붙여서 자기를 감추지.

해면: 몸에 뼈가 없고 흐물흐물한 바닷속 원시 동물.

아기돼지오징어는 깊은 바닷속에서 살아. 생김새가 돼지랑 비슷해서 이런 이름이 붙었단다.

드넓은 바닷속에서는
**3백만 척의 배가**
파도에 휩쓸리고 난파되어
가라앉아 있어.

뿔복은 황소의 뿔처럼 생긴 뿔가시가 머리와 배 끝에 있어. 그래서 대부분의 천적이 잡아먹기 어렵단다.

참다랑어 한 마리의 **무게**는 500킬로그램이 넘어. **북극곰**만큼 무겁지.

바다코끼리의 이름은 라틴어로
오도베누스 로즈마루스 Odobenus rosmarus 야.
**'이빨로 걷는 해마'**라는
뜻이지.

바다코끼리는
얼음을 뚫고 물 밖으로
나올 때 엄니로
**얼음을 쿡 찍는단다.**

어떤 나라에서는 **배의 이름**을 바꾸면 항해할 때 **나쁜 일**이 생긴다고 믿는대.

세계에서 가장 깊은 바다는 마리아나 해구야. 거기에 있는 **챌린저 디프** Challenger Deep 에 가 본 사람보다 달 표면을 걸었던 **사람 수**가 더 많아.

백상아리는 **3킬로미터 떨어진 곳에** 물개 무리가 있어도 알아차릴 수 있어.

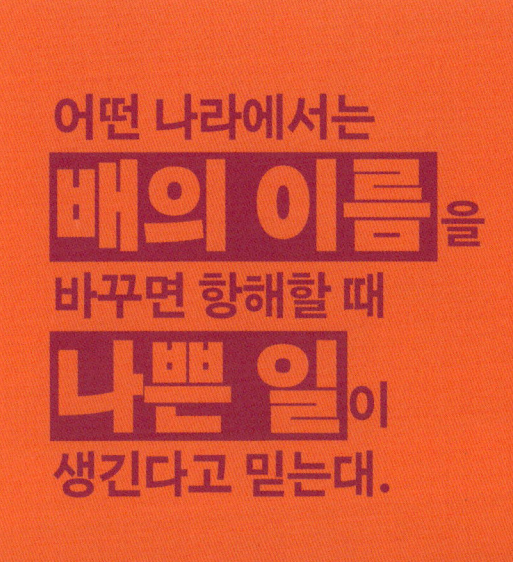

남극해를 최초로 항해한 제임스 쿡 선장은 제2차 항해 때 염소를 데려갔어. 이 **염소의 젖**은 선원들의 **중요한 식량**이 되었단다. 항해를 마친 뒤 이 염소는 **은목걸이를 받았지.**

제임스 쿡 선장은 1772~1775년 동안 남극 대륙을 발견하기 위해 2만 킬로미터 이상을 항해하였다.

해삼은 **위협을 받으면** 적에게 겁을 주려고 입이나 항문으로 **내장을 토해 내.** 걱정 마! **다시 자라니까.**

**쥐가오리**는 다 자라면 지느러미 폭이 최대 **9미터**나 된대.

소형 자동차 두 대를 이어 붙인 길이야.

백상아리는 공격할 때 **눈알을 뒤집어서 흰자**가 보이게 해. 흰 눈동자에 뽀족뽀족 이빨까지, 진짜 무섭겠다!

노란배바다뱀은 바다에 살지만 짠 바닷물을 마시지 않아. 바닷물 표면에 떠 있는 **빗물을 마셔서** 몸에 수분을 채우지.

사람들은 달에 보이는 가장 큰 분화구를 '흑점(대흑점)'이라 더 불러.

흑점: 천체에서 검게 보이는 점.

공작넙치는 단 몇 초 만에 주변 환경에 맞게 몸 색깔을 바꿀 수 있어.

향유고래가 '쯧쯧' 하고 혀를 차는 소리는 제트기가 이륙하는 소리보다 더 커.

주름상어는 이빨이 300개나 돼.

주름상어는 몸통 양쪽에 아가미가 여섯 개씩 있어.
또, 지구에서 8000만 년 넘게 살았대.

깊은 바다에 사는 풍선장어는 입속을 **풍선처럼**

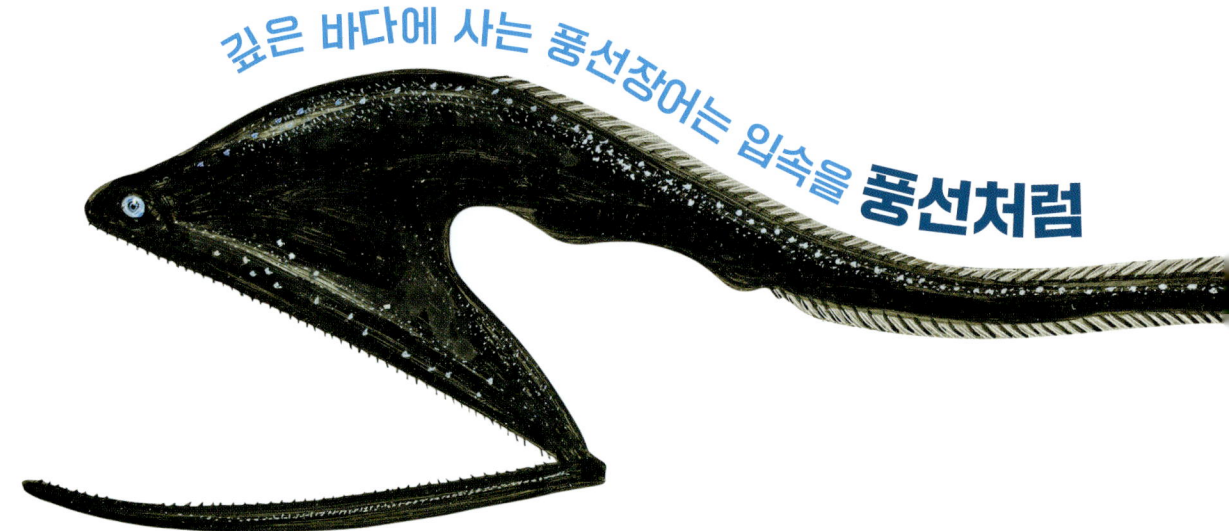

인터넷 데이터는 바다 밑으로 이어진 **얇은 케이블**을 통해 이동해.

케이블: 전기가 통하지 않는 물질로 감싼 전화선이나 전기선.

**부풀려서** 자기 몸집보다 더 큰 먹이를 삼킬 수 있어.

바닷속에는 전선이
약 **130만 킬로미터** 정도 있대.
이건 **지구를 30바퀴
돌고도** 남을 양이야!

깊은 바닷속 **열수구**에서는 400도 정도의 뜨거운 물이 새어 나오기도 해. 납을 녹일 수 있을 정도로 뜨거운 물이 줄줄줄! 엄청나지?

열수구 주변에서 사는 **비늘발고둥** 껍데기에는 **철 성분**이 있어.

비늘발고둥은 발에 철 비늘이 갑옷처럼 덮여 있어. 웬만한 **공격**에도 **끄떡없지. 훗!**

큰돌고래는 이빨이 100개나 되지만 먹이를 통째로 삼킨단다. 꼴깍!

와! 어떤 예술가는 바닷가 **모래사장에 예술 작품**을 그리기도 해. 영국의 한 예술가도 폭이 152미터나 되는 그림을 그린 다음 **드론**을 띄워 사진을 찍었어.

코끼리바다물범 암컷은 **몸무게**가 1톤 가까이 돼. 비슷한 걸 들자면, **소형 트럭**쯤?

지금까지 관측된 **가장 강한 지진**이 뭔 줄 알아? 그건 바로 1960년에 **태평양** 남쪽에서 일어났어. 이름하여 '칠레지진'이란다.

트럼펫피시는 머리를 아래로 향하여 헤엄치다가 먹잇감을 만나면 입으로 '후웁' 하고 빨아들여.

우린 환상의 짝꿍!

개복치는 가끔씩 바다 위로 떠올라.

그러면 주변에서 앨버트로스가 날아와

개복치의 기생충을 잡아 준단다.

한국해양수산개발원의 조사에 따르면, 우리나라에서 매년 **14.5만 톤**의 쓰레기가 바다에 버려진다고 해.

이 동물은 '스페니시 댄서'로 불리는데 뼈가 없고 몸이 부드러운 연체동물에 속해.

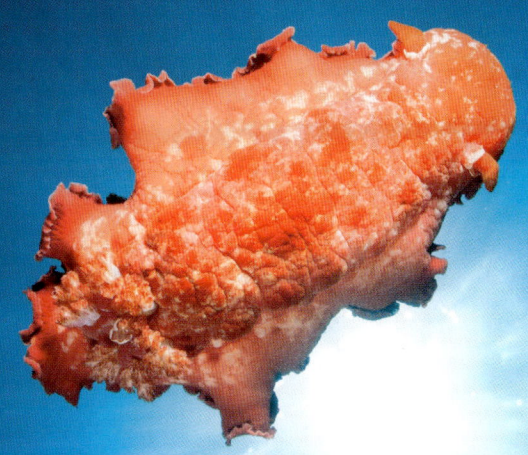

**헤엄칠 때** 스페인의 전통 춤인 **플라멩코의 무용수**가 떠오르지 않니?

어떤 상어는 **'인어의 지갑'**이라고 불리는 질긴 **알상자**에 알을 낳아.

대서양청어 암컷은 한번에 알을
# 200,000개
낳을 수 있어. 세상에!

약 2000년 전, 예술·과학·문명에 대해 방대한 정보를 엮은 플리니우스의 「박물지」에는 **성게를 태운 재로 대머리를 치료할 수 있다고 나와 있어.**

이 욕조 속에 숨은 동물이 무엇인지 맞춰 봐. 갓 태어난 백상아리 새끼는 욕조만 하단다.

배가 침몰한 이유로는 여러 가지가 있지만, 갑판에 **무거운 청동 대포**를 64개나 실은 것도 한몫했어.

갑판: 군함같이 큰 배 위에 나무나 철판으로 깐 평평한 바닥.

지금까지 몸체가 가장 긴 배는 시와이즈 자이언트호야. 이 배가 전속력으로 항해하다가 멈추기까지 정지 거리는 8킬로미터가 넘는단다.

정지 거리: 움직이던 교통수단의 속도를 줄이기 시작한 지점부터 완전히 멈춘 지점까지의 거리.

깊은 바닷속에서 오랜 기간 알을 품어 기록을 세운 동물이 있어. 그 주인공은 문어인데 거의 먹지 않고 무려 4년 5개월 동안 품었지.

경고
알을 품고 있으므로 건드리지 마시오.
24시간 감시 중

(얕은 바다에 사는 문어는 대부분 1~3개월이면 새끼가 알을 깨고 나와.)

대서양골리앗참바리는 **커다란 입**으로 **물고기를 빨아들여** 씹지 않고 통째로 꿀꺽 삼켜.

1973년, 과학자들은 미국 캘리포니아주의 물 부족 문제를 해결할 방법 중 하나로 남극 대륙의 빙산을 엮어 띄워 보내자고 제안했어.

파란갯민숭달팽이는 위장에 **공기 방울**이 있어서 물에 둥둥 떠다녀.

**브리니클**은 바닷물 속에서 만들어지는 **고드름**이야. 바닷물이 얼면서 주변의 작은 바다 생물을 같이 얼려서 '**죽음의 고드름**'이라고도 부른단다.

남극에 서식하는 빙어의 피에는 **액체를 잘 얼지 않게 하는 단백질이** 있어서 꽁꽁 얼 듯한 물속에서도 **살아남을 수 있어.**

아메리카뱀장어는 민물과 바닷물 둘 다에서 살아. 대서양에서 태어나 1,600킬로미터 넘게 헤엄쳐 거슬러 올라가 강이나 호수에서 성체로 자라지. 그러고는 다시 바다로 돌아가 죽는단다.

성체: 다 자라서 새끼를 퍼뜨릴 수 있는 동물, 또는 그런 몸.

키다리게는 양다리를 쭈-우-욱 뻗으면 폭이 최대 3.8미터나 돼. 무게는 20킬로그램까지 나갈 수 있지.

# 기발하고 괴상하고 웃긴 퀴즈 타임!

❶ **문어**는 뇌가 눈 주변에 있어. **별** 모양으로 생겼지. (힌트 6쪽)   O . X

❷ 270도 이상의 **뜨거운 물**이 **바다 밑바닥 틈**에서 새어 나오는 곳을 뭐라고 할까? (힌트 10쪽)

❸ **해파리**는 뇌가 아주 **발달**한 동물에 속해. (힌트 14쪽)   O . X

❹ **바다거미**의 **내장**은 (           )에 있어. (힌트 22쪽)

❺ 동물 중에서 **뇌**가 **가장 큰** 것은? (힌트 34쪽)

❻ 오스트레일리아 주변에 있는 **세계 최대 산호초 지대**의 이름은? (힌트 54쪽)

❼ **상어** 중에서 **최고로 빠른** 종은? (힌트 56쪽)

아래의 퀴즈를 풀고,
업그레이드 된 과학 지식을 확인해 보세요.

볼수록 신기하군.

❽ **북극고래**는 머리가 아주아주 **크고 단단**해서 2미터 두께의 얼음도 깨부술 수 있어. (힌트 59쪽)   O . X

❾ 전 세계에서 **제일 큰 바다**의 이름은? (힌트 68쪽)

❿ (           )에서 나오는 **에너지**는 전 세계 전력 공급량의 200배 정도야. (힌트 75쪽)

⓫ **녹점술아귀**는 (           )이 풍선처럼 부풀어 오래 **숨**을 참을 수 있어. (힌트 81쪽)

⓬ **배불뚝치**는 몸에 따뜻한 피가 흘러서 **체온**이 **일정**해. (힌트 89쪽)   O . X

⓭ **황새치 머리뼈**에서는 (           )이 나와서 빠르게 헤엄칠 수 있어. (힌트 100쪽)

정답 : 1. X / 2. 윤수수 / 3. X / 4. 다리 / 5. 황상고래 / 6. 그레이트 배리어 리프 / 7. 쥐우이리 / 8. X / 9. 태평양 / 10. 하나비닐 / 11. 어머니위 / 12. O / 13. 기름

⑭ **투구게의 피**는 (**파란색**, **빨간색**)이야. (힌트 103쪽)

⑮ **지구**가 **처음** 만들어졌을 때에는 지금처럼 **바다가 없었어.** (힌트 110쪽)  O . X

⑯ **개복치**는 자라면서 **꼬리지느러미**가 (**퇴화**, **발달**)**해.** (힌트 116쪽)

⑰ 전 세계에서 밀물일 때와 썰물일 때 **바닷물의 높이 차이**가 **가장 큰 곳**은 어디일까? (힌트 118쪽)

⑱ **뇌석산호**와 비슷하게 생긴 **우리 몸의 기관**은? (힌트 130쪽)

⑲ 일본 사람들은 밀물에 **산갈치**가 밀려오면 (          )이 올 신호라고 믿었대. (힌트 139쪽)

⑳ 바다 동물 중에서 **눈알**이 **가장 큰 것**은? (힌트 144쪽)

㉑ 1979년 잠수복을 입고 **해저 350미터 깊이를 걸었던 인물은?** (힌트 154쪽)

㉒ **육지와 바닷속을 통틀어 가장 긴 산맥은 히말라야산맥이야.** (힌트 156쪽)   O . X

㉓ **점박이전기가오리가 위험할 때 자기를 지키는 방법은?** (힌트 172쪽)

㉔ 지구상에서 (**사람, 주름상어**)가 먼저 살기 시작했어. (힌트 175쪽)

㉕ 플리니우스의 『박물지』에서 **대머리 치료에** 도움이 된다고 쓰여 있는 **바다 동물은?** (힌트 188쪽)

㉖ 대서양에는 **바다뱀**이 한 종류도 살지 않아. (힌트 189쪽)   O . X

㉗ 깊은 바닷속에서 **4년 넘게 알을 품어 기록을 세운 동물은 무엇일까?** (힌트 192쪽)

정답 : 14. 파란색 / 15. O / 16. 일본 / 17. 펭귄피시 / 18. 독니 / 19. 지진 / 20. 대왕오징어 / 21. 워터머 윌 / 22. X / 23. 전기 충격 / 24. 주름상어 / 25. 성게 / 26. O / 27. 문어

# 찾아보기

## ㄱ

가리비 172
가시관불가사리 44
갈라파고스민고삐수염벌레 10
갈색펠리컨 87
갑각류 116
개복치 116, 184
갯민숭달팽이 160
갯지렁이 20
거거 123, 172
거대다시마 47
검목상어 110
검은쥐치 96
고래상어 4
고양이고래 187
공작넙치 174
관족 60
군함 79, 191
굴 79
귀상어 135
그레이트 배리어 리프 54
그린란드상어 126
그림포테우티스 18
기생충 23, 43, 184
긴가시성게 56
김 8
꼬리가시 96

## ㄴ

나뭇잎해룡 119

## ㄷ

날치 21
남극하트지느러미오징어 30
넓적집갯지렁이 66
넙치 112
노란배바다뱀 170
녹점솔아귀 81
뇌석산호 130
닌자랜턴상어 152

## ㄷ

다이애나 니아드 10
달 52
대구 104
대나무산호 70
대서양골리앗참바리 193
대서양청어 186
대서양퍼핀 12
대왕고래 10, 142, 153, 157
대왕오징어 130, 144
덤보문어 18
도다리 112
돛단배 89
돛새치 150
두톱상어 104
딱지조개 11

## ㄹ

로그 웨이브 84
리본이악어 138

## ㅁ

마귀상어 36
마리아나 해구 70, 76, 166
마우나케아산 12
매너티 8, 33, 67, 85, 149
메갈로돈 106
목성 27
몬터레이해저곡 131
몰디브 62
몽크바다표범 11
문어 6, 7, 38, 42, 64, 72, 145, 192
물이 76

## ㅂ

바다눈 80
바다거미 22
바다거북 69, 122, 136, 171
바다나리 60
바다대벌레 141
바다뱀 189
바다사자 29, 77
바다선인장 46
바다코끼리 13, 165
바다표범 124
바닷가재 113
바닷물 11, 27, 37, 60
바닷새 148
바라쿠다 48
바사호 190
바자우족 28

배불뚝치 89
백상아리 108, 124, 166, 170, 188
버뮤다 삼각 지대 9
범고래 29, 76
범무늬노랑가오리 46, 49
베도라치 128
복어 66
북극고래 59, 118
북극곰 128, 164
북대서양 9
분홍꼼치 76
불가사리 37
붉은바다거북 111
붉은입술부치 87
붉은팔물고기 61
브루스 96
브리니클 195
블롭피시 58
비늘발고둥 178
빙산 22, 194
빙어 196
빨간개복치 89
빨판상어 93
뿔괭이상어 37, 101
뽈복 164

### ㅅ
사자갈기갯민숭달팽이 20
사자갈기해파리 156
산호초 18, 43, 54, 65, 90, 140

상어 58, 93, 146
상자해파리 84
색맹 58
서핑 34
성게 31, 152, 173, 188
소금 28
소행성 60
순록 126
스위마 봄비비리디스 20
스페니시 댄서 185
스피룰리나 71
시와이즈 자이언트호 192
실비아 얼 154
심해아귀 129
쓰레기 86, 122, 185

### ㅇ
아가미 175
아가미방 81
아기돼지오징어 161
아르켈론 136
아메리카뱀장어 196
아스피도켈론 45
악마의 삼각 지대 9
알락돌고래 51
알상자 186
알파카 34
암각화 16
앨버트로스 40, 184
야자집게 140

얼룩삼세기 74
얼룩통구멍 117
엄니 70, 165
엘라스모사우루스 85
연잎성게류 40
열수구 10, 85, 88, 178
예티크랩 88
올리브바다뱀 78
웨들바다표범 52
유로파 27
이크티오사우루스 30
인공 섬 58
인도양 62, 157, 160
인어 149
일각돌고래 26, 70
입술무늬갑오징어 138

### ㅈ
자리돔 6
장수거북 47
전복 74
제임스 쿡 167
조수 간만의 차 118
죠스 96
주름상어 175
줄무늬꼬마새우 23
중앙 해령 157
쥐가오리 43, 168
지느러미 61
지중해 52

**203**

지진  139, 182
지진해일  68, 120, 138

## ㅊ

참다랑어  164
챌린저 디프  166
청상아리  56
청소 새우  23
촉수  30, 46, 112, 129, 156
칠레지진  182

## ㅋ

캔디크랩  158
캘리포니아군소  160
케이블  176
코끼리  67, 160
코끼리바다물범  182
크라켄  16, 25
크루즈  26
크릴새우  10, 18, 46
큰돌고래  179, 187
키다리게  197
키리바시  94

## ㅌ

타이태닉호  76
탈라토사우루스  30
태양  52

태평양  47, 68, 127, 134, 139, 157, 182
토르 헤위에르달  36
투구게  102
트럼펫피시  183

## ㅍ

파란갯민숭달팽이  194
파랑비늘돔  114
파리지옥말미잘  112
펀디만  118
펭귄  41, 74, 77, 79, 151
폭풍의 대양  170
폼페이  118
푸른발부비새  126
풍선장어  176
플랑크톤  35, 50, 80

## ㅎ

해달  83, 137, 150
해로동굴해면  149
해마  95, 130, 144
해면  159
해면치레  159
해바라기불가사리  19
해삼  50, 167
해양도달불능점  31
해양학자  154
해적선  71

해조류  71, 119, 120
해초  33
해파리  14, 28, 42, 88
행성  52
향유고래  34, 174
허리케인  75
혜성  60
호그피시  45
호박돔  140
호흡수  50
혹등고래  17
홍연어  18
화물선  56
화산  64, 84, 118
화이트스팟티드푸퍼피시  92
황새치  100, 134
흉내문어  22
흡혈오징어  50, 64
흰고래  121
흰동가리  68
히말라야산맥  157

## 사진 저작권

AS = Adobe Stock; GI = Getty Images; NGIC = National Geographic Image Collection; SS = Shutterstock

Front Cover (UP LE), Eric Isselée/AS; (UP RT), wildestanimal/SS; (LO LE), Andrea Izzotti/SS; (LO RT & spine), ELENA/AS; (background), Naoki Kim/AS; Back Cover (LE), Kletr/SS; (CTR), Yellow Cat/SS; (UP RT), vadidak/AS;Kletr/SS; (LO), J. Stewart/SS; (background), Naoki Kim/AS; 2, Eric Isselée/AS; 2-3, Naoki Kim/AS; 4-5, robertharding/AS; 6 (UP), New Africa/AS; 6 (CTR LE), tapong117/AS; 6 (CTR RT), ArteSub/Alamy Stock Photo; 6 (LO), MicroOne/SS; 7 (LE), Vittorio Bruno/SS; 7 (UP RT), AndreaTS/SS; 8 (UP), Fuad/AS; 8 (CTR), patmasari45/AS; 8 (LO), imageBROKER/AS; 9, Anton Balazh/AS; 10 (LE), Emory Kristof/NGIC; 10 (UP RT), AlexRoz/SS; 11, NatureDiver/SS; 12 (LE), mast3r/AS; 12 (RT), J. Stewart/SS; 13, Paul Souders/GI; 14-15, adamkaz/GI; 16 (UP), cloud7days/AS; 16 (LO), ohishift/AS; 17, Whale Research Solutions/NGIC; 18, Fisheries And Oceans Canada/SS; 19, Brent Durand/GI; 20, Superheang168/SS; 21, Carlo Pinasco/GI; 22 (LE), Michal/AS; 22 (UP RT), Alexa_Travel/SS; 22 (LO RT), Bill Varie/GI; 23, AHDesignConcepts/GI; 24-25, Viaval Tours/SS; 26 (UP), Art 27/AS; 26 (LO), dottedyeti/AS; 27, David Aguilar; 28 (UP), Eric Delmar/iStockphoto; 28 (LO LE), DM7/AS; 28 (LO CTR), Anton Starikov/SS; 28 (LO RT), sarapom/SS; 29, Christian Musat/SS; 30 (UP), Daniel/AS; 31 (UP), chocolatefather/AS; 31 (LO), Christopher Parsons/Alamy Stock Photo; 32-33, Phil Lowe/AS; 34 (UP), KK Stock/SS; 34 (LO), Sudowoodo/SS; 35, NASA/GSFC/Jeff Schmaltz/MODIS Land Rapid Response Team; 36 (UP), AP/SS; 36 (LO), David Shen/Blue Planet Archive; 37, Damsea/SS; 38-39, courtesy of Big Cedar Lodge; 40 (UP), MZPHOTO.CZ/SS; 40 (LO), Jak Wonderly/NG; 41, Robert Harding Picture Library/NGIC; 42 (LE), Designs Stock/SS; 42 (RT), ArtVille; 43, Aaron/AS; 44, tae208/GI; 45 (UP), Image Ideas; 45 (LO), W. H. Longley and Charles Martin/NGIC; 46, Todd/S; 47 (LE), BELOW_SURFACE/GI; 47 (RT), Brian J. Skerry/NGIC; 48, Stephen Frink/Digital Vision; 49, Miyoung Han/EyeEm/AS; 50, whitcomberd/AS; 51, George Karbus Photography/GI; 52 (UP), Tarpan/SS; 52 (LO), Johan Swanepoel/SS; 53, Joost van Uffelen/SS; 54-55, 俊 梁/AS; 56 (UP), enanuchit/AS; 56 (LO), prochym/AS; 57, LynxVector/AS; 58, AFSC/NOAA/SS; 59 (UP), Paul Nicklen/NGIC; 59 (LO), Dan Thornberg/SS; 60 (UP), solarseven/AS; 60 (LO), suwatsir/AS; 61, Auscape/Universal Images Group via GI; 62-63, Per Aquum Niyama/SS; 64 (LE), Britta Pedersen/EPA/SS; 64 (LO RT), Vladislav S/SS; 65, Vlad61/SS; 66 (LE), Makc/SS; 66 (RT), Eric Isselée/AS; 67, Greg Amptman/SS; 68 (UP LE), aapsky/AS; 68 (UP CTR), CK Ma/SS; 68 (UP RT), Kletr/SS; 69, David Carbo/SS; 71 (CTR LE), Liudmyla/AS; 71 (CTR RT), UI/SS; 71 (LO), tribalium81/AS; 72, Yellow Cat/SS; 73, kondratuk/AS; 74 (LE), mrallen/AS; 74 (RT), cherylvb/AS; 75, Sabphoto/SS; 76 (LE), NOAA Okeanos Explorer Program, Gulf of Mexico 2014 Expedition; 76 (LO CTR), MisterStock/SS; 76 (LO RT), Jon Paul Dominic Cunningham/Dreamstime; 77, Tory Kallman/SS; 78, visionaryearth/AS; 79 (LE), Solent News/SS; 79 (RT), Mchudo/Dreamstime; 80 (UP), nikkytok/AS; 80 (LO), Yeti Studio/AS; 81, courtesy of the NOAA Office of Ocean Exploration and Research, Windows to the Deep 2018; 82-83, Pat/AS; 85, AlienCat/AS; 86, Rich Carey/SS; 87 (UP), Brian Lasenby/SS; 87 (LO), anemone/AS; 89 (UP), Jane Kelly/SS; 89 (LO), Paulo Oliveira/Alamy Stock Photo; 90-91, ducksmallfoto/AS; 92 (UP), Wallace Woon/EPA/SS; 92 (LO), blumer1979/AS; 93, Frantisek Hojdysz/AS; 94, Susan Schmitz/SS; 95 (CTR), Paulo Oliveira/Alamy Stock Photo; 95, UI/SS; 96 (UP), PictureLux/The Hollywood Archive/Alamy Stock Photo; 96 (LO), Bluewater Photographer/SS; 97, courtesy of the NOAA Office of Ocean Exploration and Research; 98-99, Raymond Boyd/GI; 100, lunamarina/SS; 101, HollyHarry/AS; 102-103, viktor2013/AS; 104 (UP), SergeUWPhoto/SS; 104 (LO), Vlada Z/AS; 105, Michael Zeigler/GI; 106-107, Franco Tempesta; 108, ankudi/SS; 109 (rhino), MaZiKab/SS; 109 (goggles), photoDISC; 110 (UP), Eli Maier/SS; 110 (LO), chones/AS; 111, Matt9122/SS; 112 (UP), Stephen Frink/GI; 112 (LO), courtesy of Aquapix and Expedition to the Deep Slope 2007, NOAA-OE; 113 (LE), Gus Andi/AS; 113 (RT), Rich Carey/SS; 114-115, Tatiana Belova/AS; 116 (UP), Vladimir Wrangel/AS; 116 (LO), Vita Yarmolyuk/SS; 117, Trueog/GI; 118 (LE), iadams/AS; 118 (LO RT), Valery Evlakhov/AS; 119 (UP), Shin Okamoto/GI; 119 (LO), dzmitry/AS; 120 (UP), Ekaterina Elagina/AS; 120 (LO), helga1981/AS; 121, CampCrazy Photography/SS; 122 (UP), shanemyersphoto/AS; 122 (LO), Kletr/SS; 123, Piotr Szczap/AS; 124-125, Uryadnikov Sergey/AS; 126 (UP), Boyd Hendrikse/SS; 126 (LO), Dotted Yeti/SS; 127, Kalyakan/AS; 128 (UP), Pär Edlund/Dreamstime; 128 (LO), James Kelley/AS; 129, Neil Bromhall/SS; 130 (UP), lonlywolf/SS; 130 (LO LE), Eduardo/AS; 130 (LO RT), Jon/AS; 131, Keneva Photography/SS; 132-133, Risto Mattila; 134 (UP), oleon17/AS; 134 (LO), bekirevren/AS; 135, wildestanimal/GI; 136 (UP), Kirill Umrikhin/SS; 136 (LO), History and Art Collection/Alamy Stock Photo; 137, Vladimir Wrangel/AS; 138, SuslO/SS; 138-139, dottedyeti/AS; 139, Aleksandar Nakovski/AS; 140, KYTan/SS; 141, Subphoto/AS; 142-143 (UP), memej/SS; 142-143 (LO), Chase Dekker/SS; 144 (UP), Blaine Harrington III/Alamy Stock Photo; 144 (LO RT), Andrey_Kuzmin/SS; 145, Guo Zihao/EyeEm/AS; 146-147, Ken Kiefer/Cultura Creative/Alamy Stock Photo; 148 (UP), jaroslava V/SS; 148 (LO), Christopher Ewing/Dreamstime; 149 (LE), Arctium Lappa/SS; 149 (RT), pclark2/AS; 149 (wig), easyasaofficial/AS; 149 (pearls), byjeng/SS; 150 (UP), Michael/AS; 150 (LO), Hotshotsworldwide/Dreamstime; 151, Clemens Vanderwerf/AS; 153, Alex Mustard/Nature Picture Library; 154-155, Al Giddings/NGIC; 156-157 (UP), Sait Ozgur Gedikoglu/SS; 156-157 (LO), Save Jungle/AS; 158, GeraldRobertFischer/AS; 159, veliferum/AS; 160 (UP), BillionPhotos.com/AS; 160 (LO), Soranome/SS; 161, Gary Florin/SS; 162-163, Anna segeren/AS; 164 (UP), Olga Khoroshunova/AS; 164 (LO), Brian J. Skerry/NGIC; 165, Mats/AS; 166 (CTR), Miroslav Stimac/SS; 166 (RT), Fer Gregory/SS; 167 (UP), aleksangel/AS; 167 (CTR), Jennifer White Maxwell/SS; 167 (LO), Ethan Daniels/SS; 168-169, orifec_a31/SS; 171, Drew/AS; 172 (UP), vadidak/AS; 172 (LO), yeshaya/AS; 173, EKH-Pictures/AS; 174, Monty Chandler/SS; 175, SS; 176-177 (UP), Encyclopaedia Britannica/Uig/SS; 176-177 (LO), Andrey_Kuzmin/AS; 179, Stephen Frink/GI; 180-181, Mike Newman/Solent News/SS; 182 (LE), L Barnwell/SS; 182 (CTR), AWesleyFloyd/SS; 182 (RT), EvgeniiAnd/AS; 183, whitcomberd/AS; 184, Andrea Izzotti/AS; 185 (LE), photka/SS; 185 (RT), Dai Mar Tamarack/SS; 186, Tim Wijgerde/SS; 187, Janos Rautonen/AS; 188, martin/AS; 189, frantisek hojdysz/AS; 190 (UP), Yevheniia Lytvynovych/SS; 190 (LO), vadim_orlov/SS; 191, Martin Bergsma/SS; 192 (LO LE), Vectorovich/AS; 192 (LO RT), alexmillos/SS; 193, Janos/AS; 194 (LO), Sahara Frost/AS; 195, Jason Edwards/NGIC; 196, Khing Pinta/SS; 197, vadiml/SS; 198, Andrea Izzotti/SS; 199, Eric Isselée/SS; 200, Eric Isselée/AS; 201, bekirevren/AS

지은이 **내셔널지오그래픽 키즈**
내셔널지오그래픽 협회는 1888년 설립되어 130년 넘게 우리를 둘러싼 지구를 이해하기 위한 여러 가지 프로젝트를 실행하고 있다. 내셔널지오그래픽 매거진은 매달 28개국과 23개의 언어로 수백만 명의 독자들을 만나고 있으며, 어린이 출판 브랜드인 내셔널지오그래픽 키즈는 과학, 모험, 탐험 콘텐츠를 독보적인 수준의 사진 자료와 함께 제공하고 있다.

옮긴이 **신수진**
한국외국어대학교 영어과를 졸업한 뒤 오랫동안 출판사에서 어린이책 편집자로 일했다. 자연이 아름다운 제주도에 살면서 어린이책을 번역하고, 그림책 창작 교육과 전시 기획을 하고 있다. 그동안 옮긴 책으로는 「내 친구 스누피」, 「배드 가이즈」 시리즈, 『많아도 너무 많아!』, 『완벽한 크리스마스를 보내는 방법』, 『젓가락 짝꿍』 등이 있다.

1판 1쇄 찍음 - 2022년 6월 23일, 1판 1쇄 펴냄 - 2022년 7월 4일
**지은이** 내셔널지오그래픽 키즈 **옮긴이** 신수진 **펴낸이** 박상희 **편집장** 전지선 **편집** 이정선 **디자인** 시다현
**펴낸곳** (주)비룡소 출판등록 1994. 3. 17.(제16-849호) 홈페이지 www.bir.co.kr
**주소** 06027 서울시 강남구 도산대로1길 62 강남출판문화센터 4층 전화 영업 02)515-2000 팩스 02)515-2007
편집 02)3443-4318,9 **제품명** 어린이용 반양장 도서 **제조자명** (주)비룡소 **제조국명** 대한민국 **사용연령** 3세 이상

WEIRD BUT TRUE! OCEAN
Copyright © 2021 National Geographic Partners, LLC.
Korean Edition Copyright © 2022 National Geographic Partners, LLC.
All rights reserved.
NATIONAL GEOGRAPHIC and Yellow Border Design are trademarks of the National Geographic Society, used under license.

이 책의 한국어판 저작권은 National Geographic Partners, LLC.에 있으며, (주)비룡소에서 번역하여 출간하였습니다.
저작권법에 의해 한국 내에서 보호를 받는 저작물이므로 무단 전재와 무단 복제를 금합니다.

ISBN 978-89-491-3207-5 74030 / ISBN 978-89-491-3201-3(세트)

# 우리 아이가 절대 놓치지 말아야 할 책!
— wlsd****

## 자연 다큐 백과 시리즈

- ✓ 초등 과학 교과 연계!
- ✓ 고퀄리티 사진, 쉽고 생생한 정보, 절대 놓을 수 없는 재미까지!
- ✓ 고화질 자연 다큐 사진과 인포그래픽이 120장 이상!
- ✓ 과학 전문 번역가가 옮기고 국내 최고 감수진이 확인!

**자연 다큐 백과 시리즈** 캐리 글리슨 외 지음 · 이한음 외 옮김 | 64쪽 | 13,000원 · 계속 출간됩니다.

· 곤충과 거미 · 화산과 지진 · 육식 동물 · 공룡과 화석 · 날씨와 재해 · 상어 · 우주와 별 · 개와 늑대 · 암석과 광물 · 파충류
· 사자와 호랑이 · 수리와 올빼미 · 반려동물